# LES DERNIÈRES HEURES DE POMPÉI

Agnès Aziza – illustré par Jean-François Dumont

Personnages de l'Histoire

Le 24 août 79, dans la région de Naples, en Italie, un volcan entre en éruption. À l'époque, personne ne se doute que le Vésuve, qui domine Pompéi, est en fait un redoutable volcan. L'éruption est si soudaine que la panique s'empare de la ville. Chacun tente alors de fuir pour échapper à la mort…

## LES PERSONNAGES

**Octave**

**Flavia**

## CHRONOLOGIE

**7e siècle av. J.-C. :** fondation de la cité romaine de Pompéi.

**62 ap. J.-C. :** tremblement de terre à Pompéi. Plusieurs monuments s'écroulent. Des travaux de reconstruction sont aussitôt entrepris.

**24 août 79 ap. J.-C. :** éruption du Vésuve. Les cités de Pompéi et d'Herculanum sont ensevelies sous les cendres volcaniques.

**1631 :** éruption du Vésuve, la plus forte depuis celle de 79, provoquant la mort de 4 000 personnes et détruisant de nombreux villages.

**18e siècle :** début des fouilles de Pompéi. Aujourd'hui encore, les archéologues découvrent tous les jours des vestiges passionnants de l'époque romaine.

**1944 :** dernière éruption du Vésuve.

chapitre **1**

# LES RETROUVAILLES

Il fait à peine jour sur Pompéi et, pourtant, le jeune Octave est déjà levé. Il arpente de long en large le péristyle[1] de la villa.

- Flavia devrait être déjà là ! s'impatiente-t-il.

N'y tenant plus, il sort dans la rue pour voir s'il n'aperçoit pas l'attelage de sa cousine. Les marchands commencent à ouvrir leurs boutiques, des charrettes de livraison roulent avec fracas sur les pavés, mais aucune trace de Flavia. Octave regarde le ciel espérant voir un oiseau, ce qui serait de bon augure. À part le Vésuve qui domine au loin la ville, il ne voit rien.

- Octave, l'appelle Lectina, sa nourrice. Viens donc manger !

- J'arrive..., répond-il.

Dépité, il se rend au triclinium[2] prendre son petit-déjeuner.

**1** *Colonnade formant un portique de la cour intérieure des maisons romaines.*
**2** *Salle à manger à trois banquettes sur lesquelles les Romains s'allongeaient pour prendre leurs repas.*

Allongé sur une banquette, Octave pioche sans conviction dans le plat d'olives.

- Es-tu bien sûr que ta cousine devait arriver le 24 août ? demande Lectina.

- C'est ce que m'a dit mon père avant de se rendre à Naples. Mais peut-être s'est-il trompé ?

C'est alors que le portier de la maison vient les trouver.

- Jeune maître, dit-il, mademoiselle Flavia vous attend dans l'atrium[1].

D'un bond, Octave abandonne la table, se lève et court rejoindre sa cousine. Mais arrivé dans l'atrium, il reste immobile, intimidé par la jolie jeune fille de onze ans qui se tient devant lui.

**1** *Pièce centrale de la maison romaine, dont le toit ouvert permettait de recueillir les eaux de pluie dans un petit bassin.*

- Comme tu as changé en six mois ! bégaie-t-il. On dirait que tu es plus âgée que moi...

- Octave ! s'écrie Flavia en se dirigeant vers lui. Toi aussi, tu as l'air plus vieux...

- Où sont tes parents ? demande Octave pour couper court à sa gêne.

- Ils se sont arrêtés à Naples, ma mère était souffrante, explique Flavia. Comme je voulais absolument arriver aujourd'hui, mon père m'a fait escorter par une garnison de soldats.

- Viens, dit Octave en prenant la main de Flavia, allons nous promener dans Pompéi.

- Pas si vite ! dit une voix derrière lui. C'est l'heure de votre leçon.

Octave se tourne et voit son vieux précepteur, les bras croisés sur la poitrine.

- Une autre fois, maître, s'il vous plaît...

- Pas question, mon garçon, rétorque le précepteur. Mais si votre cousine veut se joindre à nous, elle est la bienvenue.

- Je crois que nous n'avons pas le choix, chuchote Flavia à son cousin.

Soudain, un grondement sourd se fait entendre.

- Qu'est-ce que c'est ? demande Flavia, inquiète.

- Rien de grave, la rassure Octave, c'est un petit tremblement de terre, mais à Pompéi, c'est assez fréquent.

chapitre 2

# PROMENADE MATINALE

Le précepteur, Octave et sa cousine s'engagent dans la rue de l'Abondance l'artère principale où les gens se bousculent pour faire leurs courses. Ils se dirigent vers le forum, le centre de la ville. Des effluves de pain chaud viennent titiller les narines d'Octave, lui rappelant qu'il a à peine mangé ce matin. À l'approche d'une taverne, le précepteur fait traverser les enfants, refusant qu'ils s'approchent de ce lieu où le vin coule à flot. Sur le trottoir, une vendeuse retient le précepteur par le bras :

- Regardez mes beaux raisins secs ! Ils sont à vous pour quelques sesterces seulement !

- Profitons-en pour le semer ! dit Octave en accélérant le pas.

- Attendez-moi ! crie le précepteur en voulant les rattraper, mais, très vite, le vieil homme se retrouve coincé par un porteur d'eau qui lui barre le passage.

En riant, Octave entraîne sa cousine vers le forum et se faufile à travers la foule. Flavia remarque que les colonnes du portique détruites dix-sept ans auparavant par un tremblement de terre sont encore soutenues par des échafaudages.

- Ils n'ont toujours pas fini les travaux ? s'étonne-t-elle.

Au centre de la place, c'est l'effervescence : des négociants discutent affaires, des politiciens haranguent la foule juchée sur une petite tribune en bois, des poètes déclament leur dernière création...

De plus en plus affamé, Octave achète à un vendeur ambulant deux petits pains fourrés à la viande et en tend un à Flavia. Les deux enfants se régalent tout en continuant à flâner.

- Comme c'est chouette de se retrouver ! dit Octave, en parlant la bouche pleine.

Flavia approuve de la tête.

Arrivés en face des échafaudages du portique, Octave s'arrête net. Devant eux, se dresse le précepteur, fort mécontent.

- Je préviendrai votre père de votre désobéissance, s'écrie-t-il. Nous rentrons immédiatement !

- Par les dieux, nous ne l'avons pas fait exprès ! ment effrontément Octave.

- D'ailleurs, nous étions à votre recherche, ajoute malicieusement Flavia.

Le regard noir, le précepteur s'apprête à leur répondre quand survient une explosion assourdissante...

chapitre **3**

# UNE TERRIBLE SECOUSSE

En même temps que l'explosion, le sol se met à trembler si fort que plusieurs personnes perdent l'équilibre et sont projetées à terre. Des tuiles du temple de Jupiter se détachent du toit et tombent avec fracas sur la foule. On entend des hurlements de peur. Effrayée, Flavia se serre contre son cousin.

- C'est un tremblement de terre ! lui apprend Octave.

- Courez au centre de la place et mettez-vous à l'abri, loin des échafaudages, ordonne le précepteur. Je vous y retrouve dans cinq minutes.

Pour une fois, les enfants obéissent et laissent le vieil homme s'occuper des gens blessés autour de lui.

- Dépêchez-vous, maître, c'est dangereux, crie Octave inquiet pour son précepteur.

- Regarde ! dit Flavia en montrant les échafaudages qui commencent à tanguer dangereusement.

- Vite, ils vont s'écrouler ! s'écrie Octave, affolé. Attention maître…

Mais il n'a pas le temps de finir sa phrase : dans un immense fracas, une partie des échafaudages s'effondre, blessant mortellement le vieil homme.

- Non ! hurle Octave en se précipitant pour porter secours à son précepteur.

Mais Flavia le retient par le bras.

- N'y va pas, Octave, c'est trop dangereux, dit-elle en montrant les échafaudages qui continuent de tanguer.

Soudain, des hurlements surgissent de la foule. Une femme désigne du doigt le ciel : un immense nuage de fumée noire et dense s'élever à quelques kilomètres au nord de la

ville. Il est tellement grand qu'il masque entièrement la montagne qui domine Pompéi.

- Incroyable, on ne voit plus le Vésuve ! s'écrie Octave.

- Regarde ! s'affole Flavia. Le nuage se dirige vers nous !

En effet, le vent ramène la fumée sur la ville. Une fine pluie de cendres s'abat alors sur les habitants qui, pris de panique, se mettent à courir dans tous les sens.

- C'est chaud ! remarque Octave. Il doit y avoir un immense incendie quelque part.

- Fuyons ! suggère Flavia. S'il y a le feu, il faut aller nous réfugier au port.

- Allons d'abord chercher Lectina, dit Octave.

chapitre **4**

# UNE PLUIE DE PIERRES

Se tenant par la main, Octave et Flavia courent en direction de la maison tout en se protégeant des cendres. Le sol est à présent recouvert d'une fine couche de sable gris. Dans la rue de l'Abondance, des tuiles des toits jonchent le sol, des cendres chaudes sont tombées dans de la paille et des débuts d'incendie se déclarent. Octave et Flavia peinent à se faire un passage parmi la foule hébétée et paniquée.

Soudain, un épais brouillard les enveloppe. Aveuglée, Flavia se cogne l'épaule contre un mur. L'air devient irrespirable. Une épaisse fumée accompagnée d'une forte odeur âcre envahit les poumons d'Octave à chacune de ses respirations.

- Surtout ne lâche pas ma main, crie-t-il entre deux toux à Flavia qu'il ne distingue plus du tout.

En signe d'acquiescement, elle serre encore plus fort la main de son cousin.

Octave poursuit son chemin en tendant son bras devant lui pour se protéger des obstacles. Sa main rencontre beaucoup d'autres mains dans cette drôle de nuit. Quelque part, une mère appelle désespérément son fils. Octave entend les gémissements d'un jeune enfant, tout près de lui.

- Il est par ici ! hurle-t-il à l'adresse de la femme.

Celle-ci guidée par la voix d'Octave, retrouve enfin son enfant et disparaît dans le brouillard après l'avoir remercié.

Étouffée par la fumée, Flavia tousse de plus en plus. Inquiet, Octave lui propose de se mettre à l'abri. À tâtons, ils trouvent l'entrée d'une boutique de tissus et s'y engagent.

- Je n’arrive plus à respirer, s’affole Flavia en se laissant tomber sur le sol.

Octave attrape un morceau de tissu et le trempe dans une jarre d’eau. Il tend la main pour le donner à Flavia, mais celle-ci est déjà à demi inconsciente.

- Mets ça sur ta bouche, dit-il, cela devrait t’aider.

Flavia reprend lentement ses esprits. Muni du même masque, Octave s’assoit à côté de sa cousine.

- Qu’allons-nous faire ? demande Flavia.

- Lectina saura quoi faire, répond son cousin en essayant de se montrer rassurant.

- Octave, dit très sérieusement Flavia, si nous retournons chez toi, nous mourrons.

Octave tente de masquer ses larmes : il sait que Flavia a raison et qu'il risque de ne plus jamais revoir sa nourrice.

- Tu as raison, dit-il d'un air grave, après un instant de silence. La mer est le seul abri contre le feu.

Soudain, une très forte grêle s'abat sur les toits. Dehors, des hurlements de peur et de douleur se font entendre. Affolé, Octave se précipite vers la porte pour comprendre ce qui se passe. Il tend le bras pour attraper un grêlon.

- Aie ! s'écrie-t-il lorsque la grêle tombe sur son bras.

En ramassant un grêlon, il se rend compte que c'est une pierre chaude qu'il tient dans la main.

- C'est de la pierre volcanique ! s'exclame-t-il, il ne s'agit donc pas d'un feu, mais d'une... éruption !

- Mais il n'y a pas de volcan dans la région[1]..., répond Flavia.

**1** *À l'époque, les Pompéiens ne savaient pas que le Vésuve était un volcan.*

chapitre 5

# LA FUITE

- Attendons que cela se calme, supplie Flavia, effrayée par les cris qui viennent de l'extérieur.

- La situation va empirer. Il faut partir ! répond Octave en commençant à rassembler plusieurs étoffes pour en faire de grossiers coussins.

- Attachons-les sur notre tête et nos épaules, ils nous protègeront, explique-t-il.

Munis des coussins qu'ils ont attachés avec des cordes, Octave et Flavia se précipitent dans la rue en se tenant la main. Pour rejoindre le port, ils doivent de nouveau traverser le forum, sortir par la porte marine puis continuer sur cinq cents mètres jusqu'à la mer.

À tâtons, Octave longe le mur des maisons pour être sûr d'aller dans la bonne direction. Flavia le suit, agrippée à sa main. La chaleur est de plus en plus suffocante. Sous leur lourde protection de tissus, les deux enfants transpirent abondamment.

- Si mes calculs sont bons, le forum ne devrait plus être loin, dit enfin Octave en essayant d'encourager sa cousine.

Soudain, un individu attrape Octave par le bras et le tire vers l'intérieur d'une maison. La force de l'homme lui fait lâcher la main de Flavia.

- Flavia ! crie Octave, cherchant à retourner dans la rue.

- Si tu veux vivre, s'exclame l'homme en le retenant, reste ici.

- Pas question ! répond Octave en se dégageant de l'étreinte. Je dois retrouver ma cousine.

- Alors tu mourras, lui dit l'homme d'une voix grave mais Octave est déjà dans la rue.

- Flavia ! crie Octave, Flavia, réponds-moi !

Octave appelle désespérément sa cousine. Il essaie de rester près de l'endroit où il lui a lâché la main mais, autour de lui, c'est la panique. Les gens qui tentent de fuir courent dans tous les sens et le bousculent.

Bientôt, il ne sait plus où il est. Il crie le prénom de sa cousine de toutes ses forces, mais il est vite pris d'une quinte de toux. Il entend des cris, des pleurs mais il ne reconnaît pas la voix de sa cousine. Soudain, un corps en travers de la route le fait trébucher. Abattu, Octave ne veut plus se relever. Il a perdu tout espoir de retrouver Flavia.

- Flavia ! appelle-t-il une dernière fois d'une voix faible. Où es-tu ?

La silhouette à côté de lui se met alors à bouger.

- Octave, dit la voix affaiblie de Flavia, je n'en peux plus...

- Oh ma cousine ! répond Octave, pleurant de joie. Encore un effort, nous y sommes presque.

Flavia se relève avec peine, soutenue par Octave qui a repris courage. Tant bien que mal, ils arrivent à la porte marine qui mène au port de Pompéi.

- Bientôt nous serons sauvés, affirme Octave.

Nombreux sont ceux qui ont eu la même idée qu'eux et une longue file descend vers le port. Soudain, une voix d'homme retentit dans l'épais brouillard.

- La mer est déchaînée, prévient-il, aucun bateau ne peut sortir du port !

Flavia se serre contre Octave.

- Nous sommes perdus ! pleure-t-elle.

chapitre 6

# LES CENDRES DE POMPÉI

Les enfants sont soudain entraînés dans un dangereux mouvement de foule. Pris de panique, les hommes ne se contrôlent plus et tentent de se frayer un passage à coups de poing et de pied. Les cris d'affolement ne cessent de s'intensifier et se mêlent aux quintes de toux provoquées par les fumées toxiques.

Octave parvient cependant à se faufiler et entraîne Flavia sur le bord de la route à l'abri de la foule. En effet, il se souvient qu'il y a une ferme un peu plus loin où ils pourront peut-être se réfugier.

Octave oblige Flavia, à bout de force, à le suivre.

- On sera à l'abri des pierres et on pourra réfléchir, dit-il.

« Pourvu que je trouve une solution... » pense Octave. Le jeune garçon a aussi peur que sa cousine, mais il ne veut surtout pas qu'elle s'en aperçoive.

Arrivés à la grange, les enfants entendent les hennissements d'un cheval. À tâtons, Flavia avance vers l'animal attaché qui tente désespérément de se libérer. Elle lui caresse l'encolure et lui parle à l'oreille pour tenter de le calmer. Resté en retrait, Octave réfléchit. Soudain, il s'écrie :

- C'est ce cheval qui va nous sauver ! Laissons-le nous guider, explique Octave. Son instinct saura nous conduire en lieu sûr.

Octave détache le cheval, aide sa cousine à monter puis monte à son tour. Libre de ses mouvements, l'animal se met à galoper. Affolé par l'épais brouillard et les chutes de pierres, il s'enfonce petit à petit vers les terres. Octave s'inquiète : ne se rapprochent-ils pas du danger ? Aurait-il eu tort de faire confiance à l'instinct d'un animal ?

Après une interminable chevauchée, le nuage de fumée s'estompe enfin. Bientôt, les jeunes cavaliers ne sont plus aveuglés et peuvent distinguer la campagne environnante.

- Tu nous as sauvés, Octave ! s'exclame Flavie en se serrant contre lui.

À la nuit tombée, Flavie et Octave, épuisés et noirs de cendres, sont recueillis par des paysans.

Après quelques jours de repos, les enfants partent rejoindre leur famille à Naples. En chemin, ils décident de passer par Pompéi. Aux abords de la ville, ils découvrent un immense champ de cendres.

- Mais où est Pompéi ? demande Flavia.

- Ma ville est là, répond Octave, la gorge nouée, réduite à ce tas de cendres...

En pensant à Lectina, à son précepteur, ainsi qu'à tous ceux qu'il a aimés, Octave éclate en sanglots dans les bras de sa cousine.

- Je ne vous oublierai jamais, promet-il.

Main dans la main, les enfants reprennent la route, le cœur bien lourd. Ils savent qu'ils ont eu beaucoup de chance d'avoir survécu à cette terrible catastrophe. Octave ne peut s'empêcher de jeter un dernier coup d'œil dans l'espoir de voir ressurgir Pompéi de ses cendres...

# DOCUMENTS

•••••

# POMPÉI

# POMPÉI, VESTIGES D'UNE ANCIENNE VILLE ROMAINE FLORISSANTE

*Pompéi est localisée en Italie, dans la région de Campanie, au sud de Naples.*

*Fondée par les Grecs autour du VIe siècle avant J.C., la ville entra sous domination romaine au IIIe siècle avant J.C., lors de la conquête de l'Italie menée par Rome. En 80 avant J.C., elle fut transformée en colonie romaine : on expulsa ses habitants pour installer 2 000 colons romains.*

Pompéi, construite sur des terres fertiles au pied du volcan Par Lordwigg.

*Pompéi était située sur une terre fertile, que les Romains appellaient « Terre des dieux ». La richesse de cette terre était due à l'origine volcanique du sol, Pompéi étant construite au pied du Vésuve, volcan endormi. Cette terre permettait donc de cultiver différentes plantes, dont la vigne.*

*Étant proche de la mer et située sur l'embouchure d'un fleuve navigable, Pompéi servait de port pour les villes de l'intérieur des terres, ce qui lui permit de développer ses activités commerciales.*

*Avant sa disparition en 79 après J.C., Pompéi comptait entre 10 000 et 15 000 habitants et était une cité florissante.*

Reconstitution 3D dramatisée de l'éruption du Vésuve en 79

*Les Pompéiens ne savaient pas que le Vésuve est un volcan, car celui-ci était en sommeil depuis plus de 800 ans. Lorsqu'il entra en éruption le 24 août 79, les habitants pensèrent qu'il s'agissait d'un nouveau tremblement de terre, comme celui survenu en 62, et ne cherchèrent pas à fuir. La ville fut alors enfouie sous une épaisse couche de cendres, qui permit sa préservation.*

*Pompéi fut découverte par hasard au début du XVII^e^ siècle, et identifiée en 1763. Au XIX^e^ siècle, la technique du moulage fut utilisée pour reconstituer les corps organiques, en versant du plâtre liquide dans les espaces vides laissés dans la cendre.*

Moulage d'un homme
Cliché : Jean-François BOTTON
Avril 2005

*Les fouilles continuent encore aujourd'hui et les archéologues découvrent sans cesse de nouveaux témoignages de la civilisation romaine et de la vie quotidienne des riches citoyens de l'Empire romain.*

*Pompéi et deux cités résidentielles voisines, Herculanum dont l'habitat était plus populaire, et Torre Annunziata aux riches villas, sont des zones archéologiques inscrites depuis 1997 au patrimoine de l'UNESCO, qui est une organisation créée par les Nations Unies pour protéger les biens naturels, historiques et culturels du monde entier.*

# LE CŒUR DE LA VILLE : LE FORUM, CENTRE RELIGIEUX, POLITIQUE ET ÉCONOMIQUE

*Le forum, situé au sud-ouest de la ville, était une place rectangulaire de plus de 5 000 m², auquel on accédait au nord par un escalier monumental. Ses trois autres côtés étaient délimités par une colonnade entrecoupée de statues d'illustres Romains.*

Panorama des vestiges du forum.

*Le quartier du forum concentre les principales fonctions de la ville : religieuse, politique et économique.*

*Les lieux de culte sont nombreux. Les principaux temples sont proches du forum, comme celui de Jupiter, dieu qui était considéré par les Romains comme le père de tous les dieux.*

*Le forum était le centre politique de la ville : c'est à cet endroit que se réunissaient les citoyens romains pour écouter les discours des politiciens et orateurs. C'est également sur le forum que la justice était exercée. Autour se trouvent les bâtiments qui organisaient la vie politique, comme le Comitium, qui était réservé aux élections des magistrats, et la Basilique – à l'époque romaine, ce terme désignait un édifice couvert servant de lieu de réunion civil et public.*

La basilique
Par Radomil.

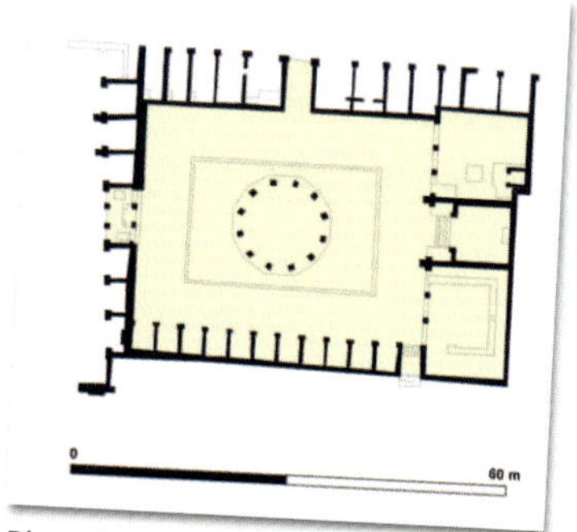


Plan du Macellum
Par Udimu.

*Enfin, le forum avait un rôle économique : les échanges commerciaux s'y déroulaient, et le Macellum (marché de la ville, où l'on trouvait viandes et poissons) était situé à l'angle de la place. Les activités de la ville étaient variées, mais principalement tournées vers le commerce : les bateaux qui s'arrêtaient à Pompéi apportaient du blé d'Égypte et d'Afrique, et repartaient avec du vin produit dans la région pour le vendre dans tout l'Empire romain. Les Pompéiens vendaient aussi des étoffes fabriquées dans la ville.*

# UNE CITÉ PRISÉE DES RICHES ROMAINS

*Le site de Pompéi était aussi appelé « Terre des dieux » pour son climat et son cadre paradisiaque. Proche de la mer, la ville était prisée des riches Romains qui y faisaient construire leur maison de vacances. De plus, l'économie florissante de la ville attirait sans cesse de nouveau habitants. Cette richesse permit l'amélioration constante du niveau de vie ainsi que l'embellissement de la ville.*

La villa des Vettii
Par Patricio Lorente.

*On trouve ainsi à Pompéi de luxueuses villas : elles possèdent généralement un péristyle (jardin intérieur entouré d'une colonnade), agrémenté parfois d'une piscine ou de fontaines privées, voire de petits temples privés.*

*On trouve à Pompéi de nombreux lieux de vie comme des places publiques, des boutiques, des bibliothèques… et plus de 200 tavernes pour se retrouver autour d'un verre !*

Thermes de Stabies
Par AlMare.

*Les loisirs ne manquaient pas dans la ville : on pouvait aller au théâtre, aux thermes (établissements de bains), voir des jeux de cirque et combats de gladiateurs dans l'amphithéâtre, faire du sport à la palestre (qui tenait lieu de gymnase et de stade)...*

*Pompéi révélait notamment sa richesse par l'art : les monuments publics, tout comme les villas, étaient décorés de grandes fresques, de peintures murales, de sculptures. On trouve des éléments de différents styles, comme des imitations de marbres colorés, des peintures en trompe-l'œil, des décors d'inspiration grecque ou bien égyptienne... Mais la ville est surtout connue pour ses mosaïques.*

Mosaïque se trouvant dans
la villa du faune
Par Radomil.

*Les Pompéiens ne se contentaient pas de ces riches décorations : on a retrouvé dans la ville de très nombreux graffitis ! Les murs des maisons sont couverts d'inscriptions diverses : déclarations d'amour ou de haine, phrases de philosophie, proverbes, poèmes, comptes (des listes de nombres ont souvent été retrouvées dans les boutiques et tavernes)...*

Peinture de Persée et
d'Andromède retrouvée
dans la maison
des Dioscures
Par AlMare.

## DANS LA MÊME COLLECTION

**Cléopâtre,**
**Reine d'égypte**

Au cours de l'été 48 av. J.-C., l'Égypte est au bord de la guerre civile : la jeune Cléopâtre et son frère Ptolémée XIII ne parviennent pas à gouverner ensemble et sont prêts à s'entretuer. De plus, la menace romaine est aux portes de l'Égypte : le chef romain Jules César vient d'arriver à Alexandrie, la capitale égyptienne...

*auteur : Anne Vantal / illustrateur : Cyrille Meyer*

978-2-3500-0417-4

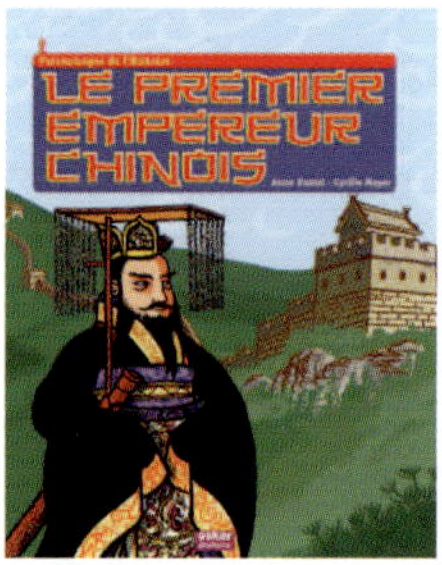


**Le premier**
**empereur chinois**

En 1974, une armée entière de soldats en terre cuite est retrouvée près du tombeau du premier empereur chinois, Qin Shi Huangdi. Un trésor resté intact depuis 2 200 ans ! C'est l'incroyable histoire de ces 7 000 statues que Lucas et Vincent vont découvrir pendant la fête des Lanternes.

*auteur : Anne Vantal / illustrateur : Cyrille Meyer*

978-2-3500-0433-4

## Homère

Athènes, VIe siècle av. J.-C.
Le jeune Critias, accompagné de son grand frère Agathon, assiste pour la première fois aux Jeux des Panathénées. Lors de cette grande fête, des poètes viennent chanter des passages de l'Illiade et l'Odyssée, oeuvres d'Homère. Le meilleur sera récompensé par une couronne d'or. Mais ces épreuves révèlent bien des surprises !

*auteur : Marie-Thérèse Davidson*
*illustrateur : Jazzi*
978-2-3500-0479-2

## Abd el-Kader

Quand les Français entreprennent la conquête de l'Algérie, à partir de 1830, un jeune chef leur fait face : Abd el-Kader. Contre les troupes coloniales, il va diriger la résistance. Ce formidable guerrier saura faire preuve de courage mais aussi d'une grande sagesse. Il deviendra une figure mythique de la lutte contre le colonialisme.

*auteur : Guy Jimenes / Illustrateur : Erwan Fages*
978-2-3500-0473-0

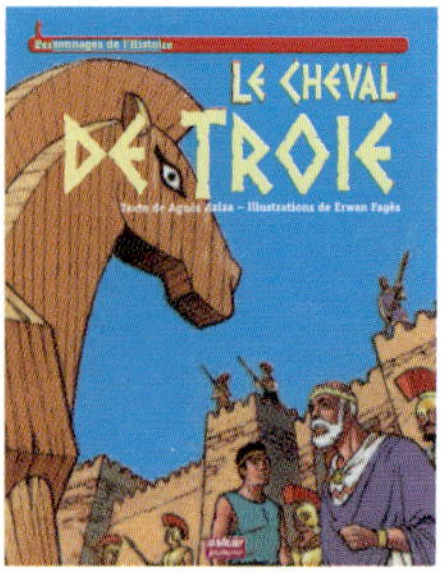


**le cheval de Troie**

Dans l'Antiquité, une guerre éclate entre les Grecs et les Troyens. La ville de Troie subit un siège de dix ans. Les deux armées étant aussi fortes l'une que l'autre, la guerre s'éternise. Seul un homme, prénommé Ulysse, sera capable de mettre fin à ce conflit, non par la force, mais par la ruse…

*auteur : Agnès Aziza / illustrateur : Erwan Fagès*

978-2-3500-0514-0

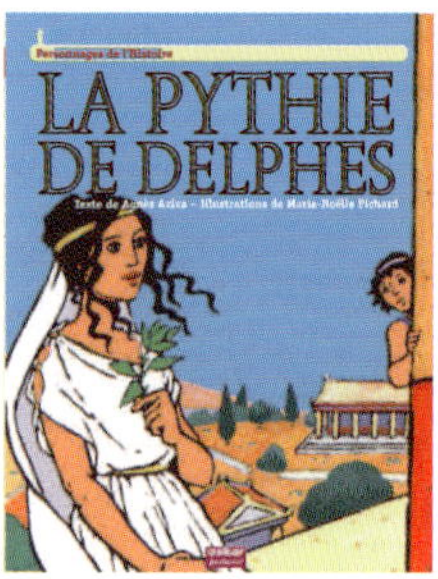


**La Pythie de Delphes**

Dans l'Antiquité, les Grecs « interrogeaient » toujours les dieux avant de prendre une décision importante. À Delphes, on raconte même qu'Apollon s'adressait aux hommes par l'intermédiaire d'un oracle. Cette mystérieuse jeune fille qui connaissait l'avenir et parlait au nom des dieux s'appelaitla Pythie. À Porynthe, sur l'île de Rhodes, la rivière en crue a emporté les constructions. Le peuple ne sait pas où reconstruire le village et espère que la Pythie pourra leur donner une réponse. C'est le jeune Takis qui est envoyé à Delphes pour consulter cet oracle. Mais le voyage est long et parsemé d'embûches…

*auteur : Agnès Aziza*

*illustrateur : Marie-Noëlle Pichard*

978-2-3500-0515-7

## BIOGRAPHIE EN BANDES DESSINÉES

**Martin Luther King**
La vie de Martin Luther King, l'homme qui a changé l'Amérique, et son combat pour les droits civiques, en BD.
*auteur : Gary Jeffrey*
*illustrateur : Chris Forsey*
ISBN : 978-2-3500-0361-0

**Nelson Mandela**
La vie de Nelson Mandela, symbole de liberté et de paix, militant, forçat, président, en BD.
*auteur : Rob Shone*
*illustrateur : Neil Reed*
ISBN : 978-2-3500-0373-3

## MYTHOLOGIE EN BANDES DESSINÉES

**Les mythes grecs**
Les travaux d'Héraclès, le vol d'Icare... en BD.
Auteur et illustrateur : Rob Shone
ISBN : 978-2-3500-0350-4

**Les mythes romains**
Romulus et Remus, les voyages d'Énée... en BD.
Auteur : David West
Illustrateur : Ross Watton
ISBN : 978-2-3500-0374-0

## D'AUTRES TITRES
## DE LA COLLECTION HISTOIRE ET SOCIÉTÉ

**La femme noire qui refusa de se soumettre, Rosa Parks**

Le récit de la vie de Rosa Parks qui, en refusant de céder sa place à un homme blanc dans un bus, a déclenché la prise de conscience de la communauté noire américaine.

*Écrit par Eric Simard*
*Illustré par Carole Gourrat*
ISBN : 978-2-3500-0056-5

**Les soldats qui ne voulaient plus se faire la guerre**

Le récit émouvant d'une fraternisation entre soldats ennemis à Noël 1914...

*Écrit par Éric Simard*
*Illustré par Nathalie Girard*
ISBN : 978-2-3500-0215-6

**Les sanglots longs des violons...**

Le témoignage émouvant et fort de Violette Jacquet, violoniste à l'orchestre des femmes d'Auschwitz où elle fut déportée à 17 ans.

*Écrit par Violette Jacquet et Yves Pinguilly.*
*Illustré par Marcelino Truong.*
ISBN : 978-2-3500-0162-3

**L'esclave du Fleuve des fleuves**
L'histoire de Gaoussou, un jeune Africain enlevé, avec celle qu'il aime, pour être vendu comme esclave aux Antilles.
*Écrit par Yves Pinguilly*
*Illustré par Arnaud Floc'h*
ISBN : 978-2-3500-054-1

**Marion du Faouët
ou la révolte des gueux**
Rusée comme Cartouche et puissante comme Mandrin, Marion du Faouët, incarnait un Robin des Bois en jupons. Chef de bande, à la tête d'une troupe de brigands, elle sema la terreur dans toute la Bretagne pendant plus de 15 ans.
*Auteur : Margot Bruyère*
ISBN : 978-2-3500-0362-7

Publié par les éditions Oskarson (Oskar Jeunesse)
21, avenue de La Motte–Picquet – 75007 Paris
Tél. : +33 (0)1 47 05 58 92 / Fax. : + 33 (0)1 44 18 06 41
E–mail : oskar@oskareditions.com
Site Internet : www.oskareditions.com

Auteur : Agnès Aziza
Illustrations : Jean-François Dumont
Dossier documentaire réalisé par Violène Jammes
Conception graphique, direction artistique : Raphaël Hadid
Direction éditoriale : Françoise Hessel

Texte déjà publié chez Fleurus presse, dans « Je lis des histoires vraies ».


ISBN : 978–2–3500–0554-6
Dépôt légal : mai 2010
Imprimé en Europe
Loi n° 49–956 du 16 juillet 1949 sur les publications destinées à la jeunesse